Achdé

LES DAMNÉS DE LA ROUTE 5

Sea, Sex and Deuche !

Design de la carrosserie et boîte de vitesse
ACHDÉ
Réglage moteur et gonflage des pneus
RODRIGUE
Peinture et chrome
David LUNVEN

BAMBOO ÉDITION

www.bamboo.fr

116, rue des Jonchères - BP 3
71012 CHARNAY-LÈS-MÂCON cedex
Tél. 03 85 34 99 09 - Fax 03 85 34 47 55
Site Web : www.bamboo.fr
E-mail : bamboo@bamboo.fr

PREMIÈRE ÉDITION
Dépôt légal : mai 2005
ISBN 2-35078-003-1

Imprimé en France par PPO Graphic, 93500 Pantin
Printed in France

ÇA COMMENCE MAL...

SUITE ➡

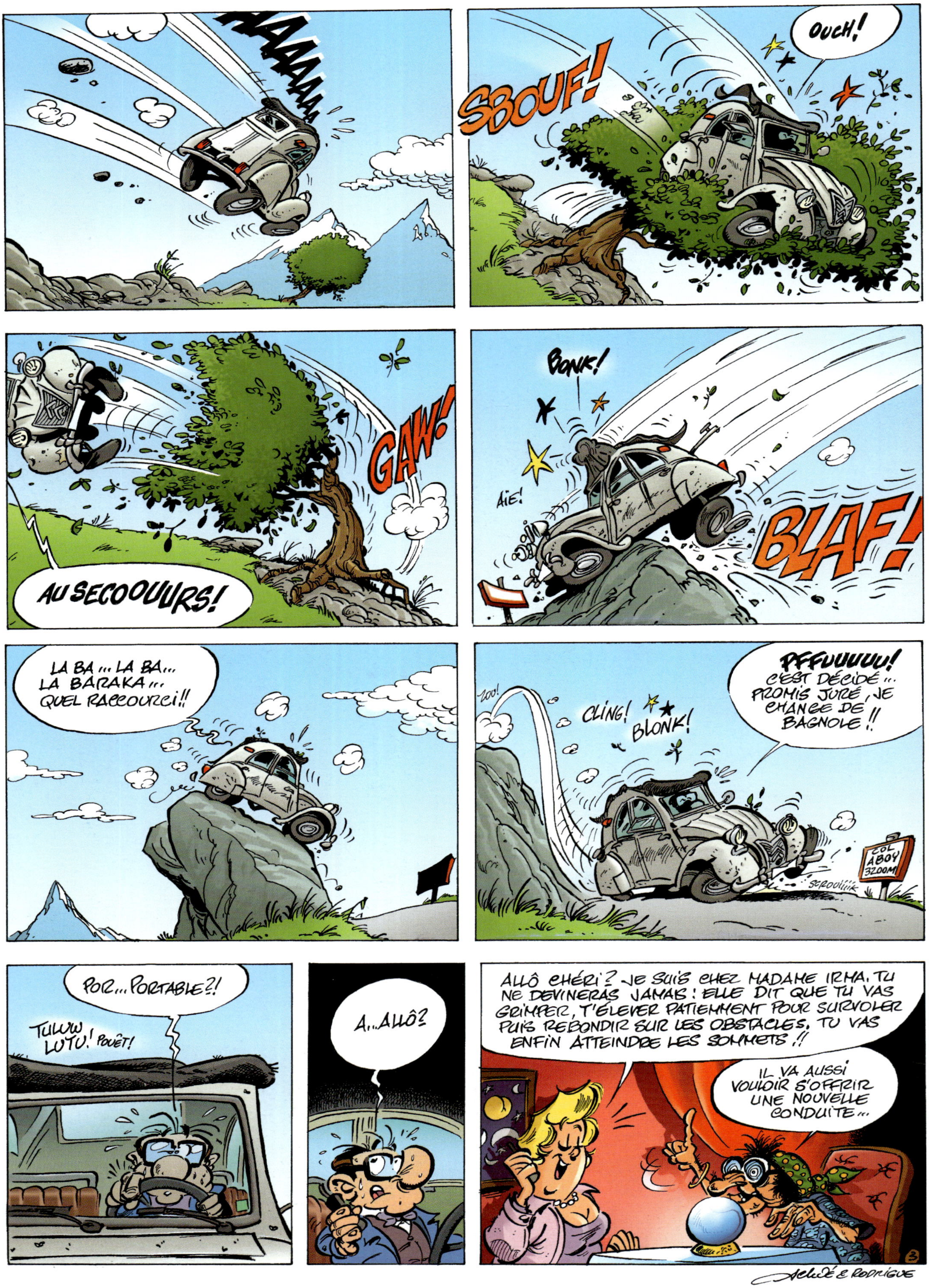
AAAAAAAAA
SBOUF!
OUCH!
GAW!
AU SECOOUURS!
BONK!
AÏE!
BLAF!
LA BA... LA BA... LA BARAKA... QUEL RACCOURCI!!
CLING!
BLONK!
PFFUUUUU! C'EST DÉCIDÉ... PROMIS JURÉ, JE CHANGE DE BAGNOLE!!
COL ABOY 3200M
TULUW LUTU! POUËT!
POR... PORTABLE?!
A... ALLÔ?
ALLÔ CHÉRI? JE SUIS CHEZ MADAME IRMA. TU NE DEVINERAS JAMAIS: ELLE DIT QUE TU VAS GRIMPER, T'ÉLEVER PATIEMMENT POUR SURVOLER PUIS REBONDIR SUR LES OBSTACLES. TU VAS ENFIN ATTEINDRE LES SOMMETS!!
IL VA AUSSI VOULOIR S'OFFRIR UNE NOUVELLE CONDUITE...

POUT! POUT! POUT!
POUET POUET
L'ÉLEPHANT ENRHUBÉ
LAVAGE AUTO
SCHLAK CLAK!
MGNIII!
L'ÉLEPHANT ENRUBÉ
3x2€
SCHLIK! VLAN... CLANG! CLIC! VROOOO!
CLONK!
CLIC! CLAC!
PSCHHH!
VROOOOO! WOOOOOSHIIII!
PSHIII!
VVRRRRRRR SCHLIK!
PLIC! PLOC!
PLIC! PLOC!
BWB!
AUCUN COMMENTAIRE VEUX-TU!
IL EST DÉCONSEILLÉ DE RESTER DANS LE VÉHICULE DURANT LE LAVAGE
LA DIRECTION

VACANCES ?
Michemin
OÙ PARTIR ?
Casino
Menu Gastronomique
BRAAAA
AUTOROUTE DU SOLEIL
POUT POUT
GARAGE DELCO
TILT!
GLOU! GLOU! GLOU!

BROLOMBROLOM!
BAM!
BROLOLOLOLOLOM...
BRAAA
VROOP!
VROUP!
SPROTCH
BROOO
VROAR
MAINTENANT, ÇA SUFFIT !!!
ENZO, J'EN AI MARRE D'ÊTRE TOUJOURS BALLOTTÉE, ASSISE DANS UN DE TES !! BOLIDES!
OK, OK FACÉLIA, QU'EST-CE QUE JE NE FERAIS PAS POUR MA PETITE POUPÉE ADORÉE: PROMIS, JURÉ, POUR LES VACANCES DE CET ÉTÉ TOUT VA CHANGER MON AMOUR...
FLIP! FLAP! FLIPFLAP! FLIPFLAP! FLIPFLAP!
3
Achdé & Rodrigue

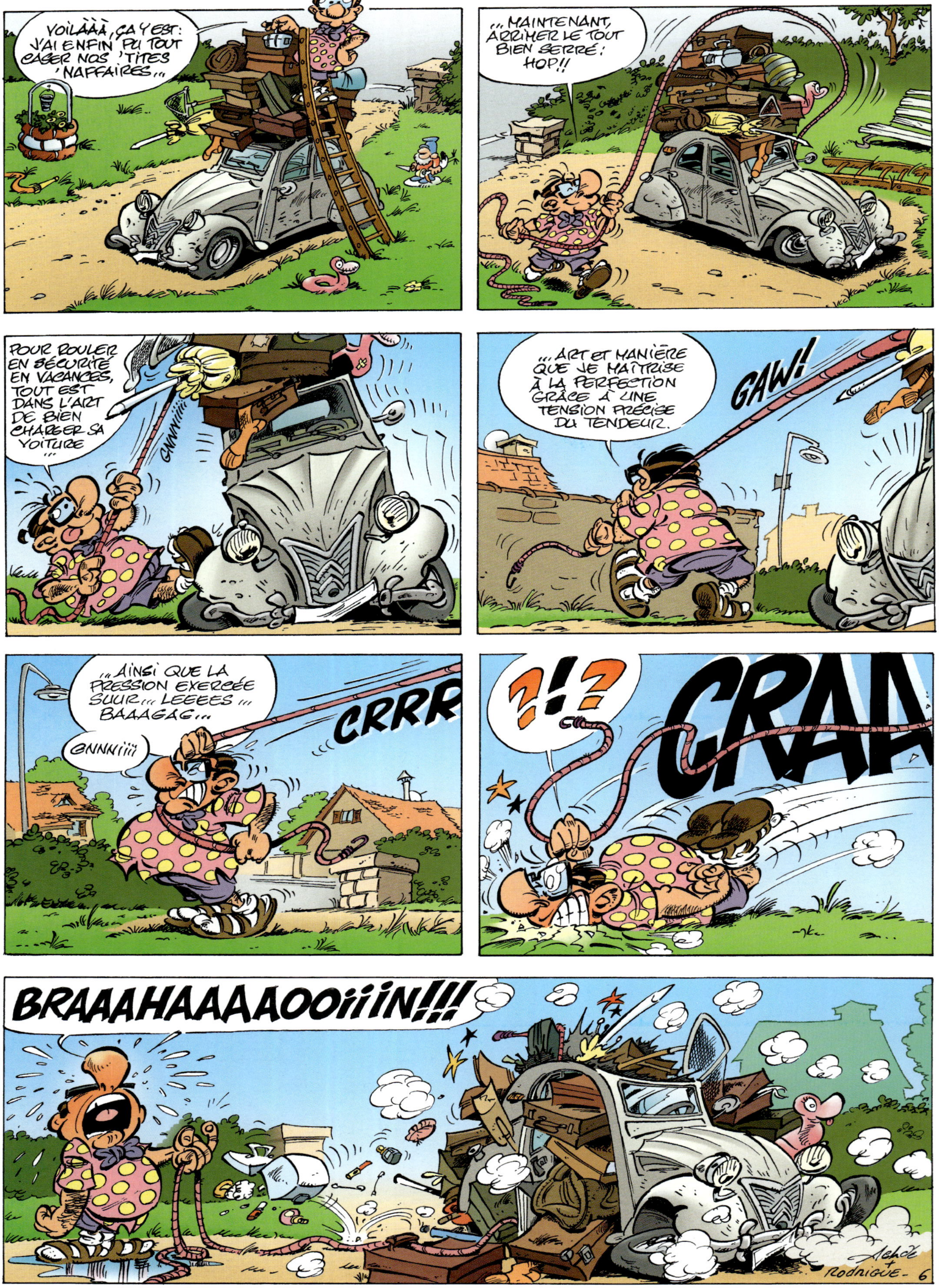
VOILÀÀÀ, ÇA Y EST: J'AI ENFIN PU TOUT CASER NOS 'TITES 'NAFFAIRES...
... MAINTENANT, ARRIMER LE TOUT BIEN SERRÉ: HOP!!
POUR ROULER EN SÉCURITÉ EN VACANCES, TOUT EST DANS L'ART DE BIEN CHARGER SA VOITURE ...
GNNNiiii
... ART ET MANIÈRE QUE JE MAÎTRISE À LA PERFECTION GRÂCE À UNE TENSION PRÉCISE DU TENDEUR.
GAW!
... AINSI QUE LA PRESSION EXERCÉE SUUR... LEEEES... BAAAGAG...
GNNNiiii
CRRR
?!?
GRAA
BRAAAHAAAAOOiiiIN!!!
ACHDÉ + RODRIGUE - 6

HOP ! 1 EURO ET SÉSAME, OUVRE-MOI LA PORTE DES VACANCES !!
PIÈCES ACCEPTÉES
PÉAGE AUTORACKET
PIÈCES ACCEPTÉES
0,20 0,50
POC !
?
BING !
TARIFS
PONK !
BINK !
CLING !
TING !
ZOOOUUUU
PAF !
CRASH !
... AGRESSION CARACTÉRISÉE SUR LES FORCES DE L'ORDRE, TENTATIVE D'HOMICIDE SUR UN MOTARD, VOIE DE FAIT SUR UN EMPLOYÉ DES AUTOROUTES, DESTRUCTION, VANDALISME ET GRIVÈLERIE AUTOROUTIÈRE ! VOUS DÉBUTEZ MAL VOS VACANCES VOUS !
SED LEX DURA LEX PLAYTEX

TU ES SÛR QUE LA ROUTE DE LA MER PASSE PAR LES COLS ALPINS ?!
ASTUCE ET RAPIDITÉ ! POUR ÉVITER LES BOUCHONS, JE CONTOURNE !
AGLAGLAGLA !! POUR SE BRONZER DOIT-ON VRAIMENT SE TAPER DU -8° C ?!
JE NE BAISSE PAS MA MOYENNE C'EST ÇA L'IMPORTANT
CLAC CLAC CLAC
Y A MÊME DU VERGL... ?!
OOOOOOH !
ZWIP !
BONK
ZZZZZZZZZZ
ZZZZZUUUiiii...
PFFIUUUUU ! UNE VRAIE PATINOIRE !!
BLANK !
ZZZZROUUUiiii...
?!?
?!?
COL APAPIÉS 3000 m
POUT ! POUT ! POUT !
9
9
9
8
Achdé Rodrigue 10

RESTAURANT
AU CHAPON BIEN GRAS!
26 PLATS POUR 10€
CRUNCH! CRONCH! MIAM! BURP! SLURP!
BROLOM! BROLOM!
BLÔRF
PÊT!! PLOUF!
TOILETTES
PIZZERIA
HABANA CUBANA
PIMENTOS
CUISINE DE TERROIR
SLURP! CRONCHCRONCH! MIAM!
TOILETTES
PROUT! OUILLE! OUILLE! BLOMBLOM!
AYE! AYE! AYE!
PLOF! PLOUF! PROUT!
RESTOROU
AU Péage
LYON DIJON
SLURP!! CRONCH! MIAM! BURP!
AU PÉAGE RESTO AUTO ROUTE
BLEURK! PROFRLOOF!
ROTOTO BLEURK! PRAOUT!
TOILETTES
POUR UN MEILLEUR TRANSIT
BOUCHON FUTÉ!
RESTAURANT Le Bord de Mer
TU VEUX QUE JE TE DISE MA NINETTE...
BEN FINALEMENT, TOUTES CES ÉTAPES GASTRONOMIQUES ÇA RALENTIT VACHEMENT NOTRE MOYENNE...
CHURTOUT LES "À-CÔTÉS" CHA UNE.!!
SLURP!
14
Achdé & Rodrigue

MARSEILLE
VROUP!
HA! HA! HA! ÇA ROULE BIEN! 3 HEURES POUR FAIRE ISSY-LES-MOULINEAUX - FONTAINEBLEAU!
...À CE RYTHME-LÀ, JE PEUX ÊTRE À L'ESPIGUETTE DEMAIN APRÈS-MIDI...
QUATRIÈME! J'EXPLOSE MA MOYENNE, J'AVALE LES KILOMÈTRES À UNE VITESSE TOTALEMENT FOLLE...
70!
CLIC! KRRR! KRRR! CLAC! KRRR!
EH OUI, TEL MAD MAX, JE DÉVORE L'ASPHALTE AVEC L'APPÉTIT D'UN BARRACUDA, SÛR DE MOI!!
GNERK! GNERK! GNERK!
RÉUSSIR UNE PAREILLE AVENTURE, C'EST ALLIER L'AUDACE ET LA PRUDENCE, PRÉVOIR DES HALTES RESTO ET DES PAUSES-PIPI MINUTÉES, BREF NE RIEN OUBLI...
NINETTE?!
RIEN!
CHÉRIIIII, TU VEUX BIEN ME PASSER LE PAPIER?!
TOILETTES
?
23

J'ADORE JUILLET, SON SOLEIL, SA DOUCEUR, SON CALME...
SÛR ! C'EST ÇA LES VACANCES.
PENDANT 11 MOIS ON ATTEND CES JOURNÉES DE QUIÉTUDE INDICIBLE.
OUAIP ! COMME QUI DIRAIT "LE REPOS DU CORPS ET DE L'ÂME"...
LA RIVIÈRE À CINQ MINUTES DE LA MAISON, UN PANIER GARNI, LES OISEAUX QUI CHANTENT, UN CLOCHER FAMILIER...
PEUH ! FINALEMENT, À QUOI ÇA SERT DE S'AVALER DES KILOMÈTRES D'ASPHALTE COMME DES MOUTONS...
C'EST BIEN CONNU : LE PARADIS EST AU COIN DE SA MAISON !
OUAIP ! PARCE QUE LE PLUS PÉNIBLE PENDANT LE MOIS DE JUILLET...
C'EST LES JUILLETISTES !!
ESTRANGERS TÉ !!
LEUR RÉPONDS PAS ENZO !!

ELLE EST VRAIMENT TRÈS MAL PLACÉE CETTE ROUE DE SECOURS !
N
7
MERIE
TRAN

Achdé & Rodrigue

CHAQUE ANNÉE, À NOËL, C'EST PAREIL...
SUPER! UN 'TIT CHIEN!
WIF!
... DES MILLIERS D'ADORABLES PETITS CHIOTS ATTERRISSENT CHEZ DE GENTILS BAMBINS...
WIF! WIF!
EXACTEMENT CE QUE JE VOULAIS!
QU'IL EST BEAU!
T'ES MON AMI POUR TOUJOURS!
... C'EST L'AMOUR FOU ENTRE DEUX PETITS ÊTRES, QUI COMMENCENT LEUR VIE...
DAMNED! UN COMANCHE NOUS BRAQUE DE SON BÂTON QUI CRACHE LE LASER!!
HARDI RINTINTIN!
GRR!
BIP! TÛT!
... SE DÉCOUVRENT L'UN L'AUTRE...
MES BD!
MES PANTOUFLES!
WIF?
MON PARQUET!
... PUIS S'ÉLOIGNENT PEU À PEU...
WIF?
... POUR SE PERDRE DE VUE À JAMAIS.
WIF?
VROUP!
WIF!
TAP! TAP! TAP! TAP!
OH! LE PAUVRE PETIT CHIEN!
CHAQUE ANNÉE EN ÉTÉ, C'EST PAREIL...
MA FEMME SE PREND POUR LA SPA!
17
Achdé & Rodrigue

ENZO, RALENTIS! ON EST EN VA... VACANCES...
BAH, BAH, BAH!
RAMER EN MONTAGNE, JE LAISSE ÇA AUX TRAÎNE-PATINS DES CONGÉS PAYÉS...
CLAC! CLAC! TU... TU VAS TROP VITE!
LE RÊVE, FACÉLIA, LE RÊVE, ENCORE ET TOUJOURS.
WOOF!
CLAC! CLAC! CLAC! CLAC! CLAC!
MOI, MON RÊVE, C'EST LE PARIS-DAKAR DANS LES ALPES, C'EST LE RALLYE DES PHARAONS SUR CHAMONIX...
ET TOI FACÉLIA TU AS BIEN UN RÊVE, LÀ, ICI, MAINTENANT!
?!
VRROOOOOOO
UN... UN... UN P'TIT NID DOUILLET AVEC VUE IMPRENABLE BIEN AU CALME...
SERVIE!
Achdé & Rodrigue

GRILL
ON POURRAIT PROFITER DE CE BOUCHON POUR DÉJEUNER DANS CE PETIT RESTO !
AI FAIM MOI !
NON, NON ET NON, HORS DE QUESTION !
SI PRÈS DU BUT... ON MANGE DANS LA VOITURE MAIS SURTOUT PAS UN DE TES FAMEUX "TOUT-EN-UN"
BON !
ÉHO, MAIS QU'EST-CE QUE TU FABRIQUES ?!
BEN LA CUISINE ! J'FAIS BOUILLIR DE L'EAU ! J'AI PRÉVU DES NOUILLES AU BEURRE.
ANTAGAZ
VOILÀ, Y A PLUS QU'À ATTENDRE ! DANS 10 MINUTES, CE SERA PRÊT.
MAIS C'EST TRÈS DANGEREUX, SI JE DONNE UN COUP DE FREIN, TU NOUS ÉBOUILLANTES TOUS !
BLOB ! BLUB ! BLOB ! GEBLUB ! BLOB !
BLUB ! BLOB ! BLUB ! BLUB ! BLOB ! BLOB ! BLOB !
MAIS, MAIS MAIS ?!
RHÔÔÔ MON PHILÉMON, TOUJOURS PLEIN DE RESSOURCES POUR FRANCHIR LES OBSTACLES !
COUPE PAS LE GAZ MA NINETTE ! TANT PIS POUR LES NOUILLES, MAIS ON EST VENT ARRIÈRE !
C'EST TOUT BON !
BLOB ! BLUB ! BLUB ! BLOB
PÉT ! PÉT ! PÉT !
22

CAFÉ des SPORTS
PASTIS
PINPONPINPONPINP
CRÉMATORIUM MUNICIPAL
MUR DES CENDRES
PICA
VISITEURS RESPECTEZ CE LIEU
QUAND JE TE DIS QUE TES DEMI-TOURS RALLYE NE SONT PAS AU POINT...

MAIS POURQUOI J'AI DIT OUI ?! MAIS POURQUOI J'AI DIT OUI ?!
...ET ALORS ?!! TU TE DÉPÊCHES OUI ?!!
J'AI RIEN DIT POUR LES CHIENS ABANDONNÉS ; J'AI MÊME DONNÉ MON RESTE DE SANDWICH À UNE VACHE PARCE QUE TU TROUVAIS QUE SA PÂTURE SOUFFRAIT DE LA SÉCHERESSE...
MAIS LÀ SI TU NE FAIS PAS UN EFFORT, TON AMOUR DE LA NATURE ET TON SOUCI DE LA PROTECTION DE L'ENVIRONNEMENT ...
...RISQUENT DE NOUS ATTIRER DES ENNUIS ! GULP !!
PROUT! PROUT!
TUUT!
TUUUT!
TUUT! TUUT!
TUUUT! TUUUT! TUUUT!
TARATAAA! TUT! TUT!
TUUT! TUUT!
KWAK! KWAK! KWAK!
TÔÔÔNP! TOOONP!
POÏNK! POÏNK!
PON! PON! PON!
TUUUT TUUUT
POËT POËT
PÔÔÔN! PÔÔÔN!
TUUT!
ALLEZ, ALLEZ, PETITS, PETITS...

LE MOTEUR EST NAZE ON N'A PAS DE PORTABLE PLUS QU'UNE SOLUTION! FAIRE DU STOP!
FSSCHHH
NOON ?!
LA SOLIDARITÉ DES GENS DE LA ROUTE N'EST PAS UN VAIN MOT! TU VERRAS UN AUTOMOBILISTE ATTENTIONNÉ S'ARRÊTERA POUR NOUS PRENDRE...
N7
RÔÔÔÔ
WOSH!
THEU! TEUH! TEUH!
PIN PONPIN
SAMU
SAMU
QU'EST-CE QUE JE TE DISAIS...

?
SCANDALE BAMBOO: PICA ÉTAIT UNE FEMME
VOILÀ
PAF!
?!
TAP TAP! TAP
TAP TAP! TAP! TAP! TAP!
GRMMBL!!
COMMENT ?! C'EST UNE GUÊPE QUI VOUS A FAIT ÇA ?!!
FLEBFLEB!

DIS ENZO, T'ES SÛR QUE C'EST LA ROUTE DU COPACABANA?
BEN...
VROOO!
... TOUTES CES PETITES ROUTES DE LA CÔTE SE RESSEMBLENT...
VRROOO
OUAIS BEN EN ATTENDANT, À VOULOIR TOUJOURS ROULER À FOND, T'AS DÛ RATER L'EMBRANCHEMENT
T'AS RAISON MON PAPILLON. ON VA FAIRE UN DEMI-TOUR, ÇA DEVAIT ÊTRE BIEN AVANT...
HOP! UNE MANOEUVRE AUX P'TITS OIGNONS!
VROOO
HÉ! TENTION ENZO, LA ROUTE EST ÉTROITE!
TIENS, TU VOIS, TU AS TOUCHÉ À L'ARRIÈRE!
TU VEUX QUE JE FASSE UN CONSTAT AVEC LA FALAISE?! BON ON RENTRE!!
CLANG!
BLING!!
21 AOUT 04
S01 AA
FLASHÉ À 137 KM/H DE NUIT SUR UNE DÉPARTEMENTALE ET À 6 KM/H EN TRAIN DE DÉMOLIR LEDIT RADAR. ON PEUT DIRE QUE VOUS AIMEZ LA PHOTO VOUS!
J'LE CROIS PAS!

TOUS LES ANS, POUR MONSIEUR LERBAC, C'EST LA ROUTINE ...
AH! UNE 'TITE PLACE POUR MOI!
HEUREUSEMENT QUAND VIENNENT LES VACANCES...
AH! UNE 'TITE PLACE POUR MOI!
OUAH! QUEL DÉPAYSEMENT !!!
12.
Achdé e Rodrigue

RONFL! ZZZZ!!
RONFL! RONFL ZZZ... RONFL!!
= ?!
BÈÈÈ! BÈÈÈ! BÈÈÈ
YOUPI!
BÈÈÈÈ!
BRAAAAA
SBOUF!
BRAA! PÊT PÊT!
BING!
OUILLE! A BOBO!
BÈÈÈ!!
BÈÈÈ! BÈÈÈ!
BÈÈÈ!
BÈÈ!
TU AS MAUVAISE MINE MON MINOU - TU SAIS POUR VITE T'ENDORMIR, TU DEVRAIS COMPTER LES MOUTONS!
Z Z Z
LIGHT
30

CHÈRE MERCÉDÈS, CETTE SEMAINE SUR LA RIVIERA EN VOTRE COMPAGNIE FUT LES SEPT PLUS BEAUX JOURS DE MON EXISTENCE ...
OH BRUCE, JE VOUDRAIS TANT VOUS CROIRE ...
CE SOLEIL, CETTE MER, VOS BRAS MUSCLÉS M'ENLAÇANT M'ONT QUELQUE PEU TROUBLÉE ...
ALORS VOUS N'ÊTES PAS INDIFFÉRENTE À MON CHARME SAUVAGE ?
PUIS-JE ESPÉRER UN PEU PLUS QUE CES NUITS TORRIDES PASSÉES EN VOTRE COMPAGNIE DANS CETTE CHAMBRE SANS CLIMATISATION ??
OH ! COMME VOUS Y ALLEZ BRUCE ! NON NE ME BRUSQUEZ PAS ...
COMMENT POURRAIS-JE CROIRE À CET AMOUR SI SOUDAIN QUI POINTE DERRIÈRE LA HAIE DE NOS DIFFÉRENCES ...
CROYEZ-Y ! CROYEZ-Y ! CROYEZ-Y !
DORÉNAVANT, NOUS NE NOUS QUITTERONS PLUS, VOUS CHOISIREZ UNE NOUVELLE VOITURE CHAQUE JOUR À MA CONCESSION ET NOUS PARTIRONS POUR MONTE-CARLO, SAINT-TROP' OU CUBA ...
C'EST... C'EST VRAI ?
RHÔÔÔ, QUE LE HASARD FIT BIEN LES CHOSES EN ME FAISANT ENTRER DANS TON GARAGE POUR ACHETER CE MAGNIFIQUE BREAK V8 AVEC SIÈGES EN CUIR FAUVE ...
UNE NOUVELLE AUTO PEUT FAIRE BASCULER LA VIE DE CEUX QUI S'AIMENT !!
HO BRUCE !
SNIF !
AH MERCÉDÈS
RHÔÔÔ BRUC...? SCHLURPL !
RHÔÔ TOI MERCÉDÈS !
MAILLE LAUVE !
KISSS !
SLURP !
POP !
J'AI RATÉ MA VIE MOI !!!
UN NOUVEAU BREAK ?
IN CRYSLAIR
BRAAAA !

CUI CUICUI
YOUKAÏDI! YOUKAÏDA!
N7
COIN!
UNE DEUCHE, C'EST GÉNIAL SURTOUT PENDANT L'ÉTÉ...
C'EST LA VOITURE DES VACANCES JEUNES ET LIBRES...
P
PEACE
LOVE
COOL!
VROUP!
UN VÉHICULE INTELLIGENT ET PRATIQUE, À LA FOIS LIMOUSINE ET CABRIOLET...
ZOOO!
...DES VACANCES SANS-LE-SOU...
PÊT!
BRAAAA!
PÊT!
ON AURAIT DÛ ACHETER UN BREAK!!
...UNE BAGNOLE SYMPA QUI ATTIRE LE REGARD
HOTEL
HOTEL
TEUH! TEUH!
VROUP!
...UNE VOITURE QUI SE JOUE DES MODES ET AFFICHE SA DIFFÉRENCE, SE RIANT DES AFFRES DU SOLEIL...
TOUT RESPIRE LA SOLIDITÉ : UNE CARROSSERIE TOUT À FAIT INDESTRUCTIBLE, DES SIÈGES ROBUSTES ET MÊME UN VOLANT EN TÔLE RÉSISTANT AUX PIRES CANICULES ....
VOUS NE CONNAISSEZ PAS LE SYSTÈME DE LA SERVIETTE SUR LE VOLANT...
CRÈMES SOLAIRES
VOUS NE CONNAISSEZ PAS MA BAGNOLE !!!
27
Achdé & Rodrigue

PET! POUT! PAT!
GOSH!
ROUL! ROUL! ROUL!
TUGUDU! TUGUDUGUGUDUGUGUDU
GLAOUP! GLAOUP! GLAOUP!
SCHLAK!
CAISSE
T'IMAGINERAS JAMAIS! POUR 42 € DE CARBURANT ET SEULEMENT 10 €, SOIT 52 €, J'AI EU UN DVD GRA-TUIT!!
GÉNIAL HEIN ?!
UN DVD !!!
GRATUIT!!

ET HOP! L'ANTENNE ...
TCHAC!
... ET LE VOLANT!
TCHOC!
HA! HA! HA! UNE VOITURE EN SABLE COMME QUAND J'ÉTAIS PETIT
JE M'Y REVOIS ENCORE ...
TÛÛT!
VROOUM!
VROUP! ET UNE PETITE MARCHE ARRIÈRE ...
CLAC! PREMIÈRE, JE SUIS LE ROI DE LA PLAGE AVEC MON BOLIDE! ET VLAN! FOND DE QUATRIÈME!
VRÔÔÔÔ ÔÔ!!
JE ME FAUFILE À PLUS DE 150 Km/H AU BEAU MILIEU DES SERVIETTES ET DES PARASOLS
VRAOOM!
GOSH! UNE GLACIÈRE ABANDONNÉE! COUP DE VOLANT À DROITE ... DAMNED! NON! JE VAIS PERCUTER ...
AAAAAHH!
MON DIEU! QU'AI-JE FAIT?! UNE SUPERBE NAÏADE GÎT INCONSCIENTE LÀ, DEVANT MON PARE-CHOCS SABLEUX! VITE! LES PREMIERS GESTES DE SECOURS! LE BOUCHE-À- ...
... BOUCHE ...
ZZZ
5

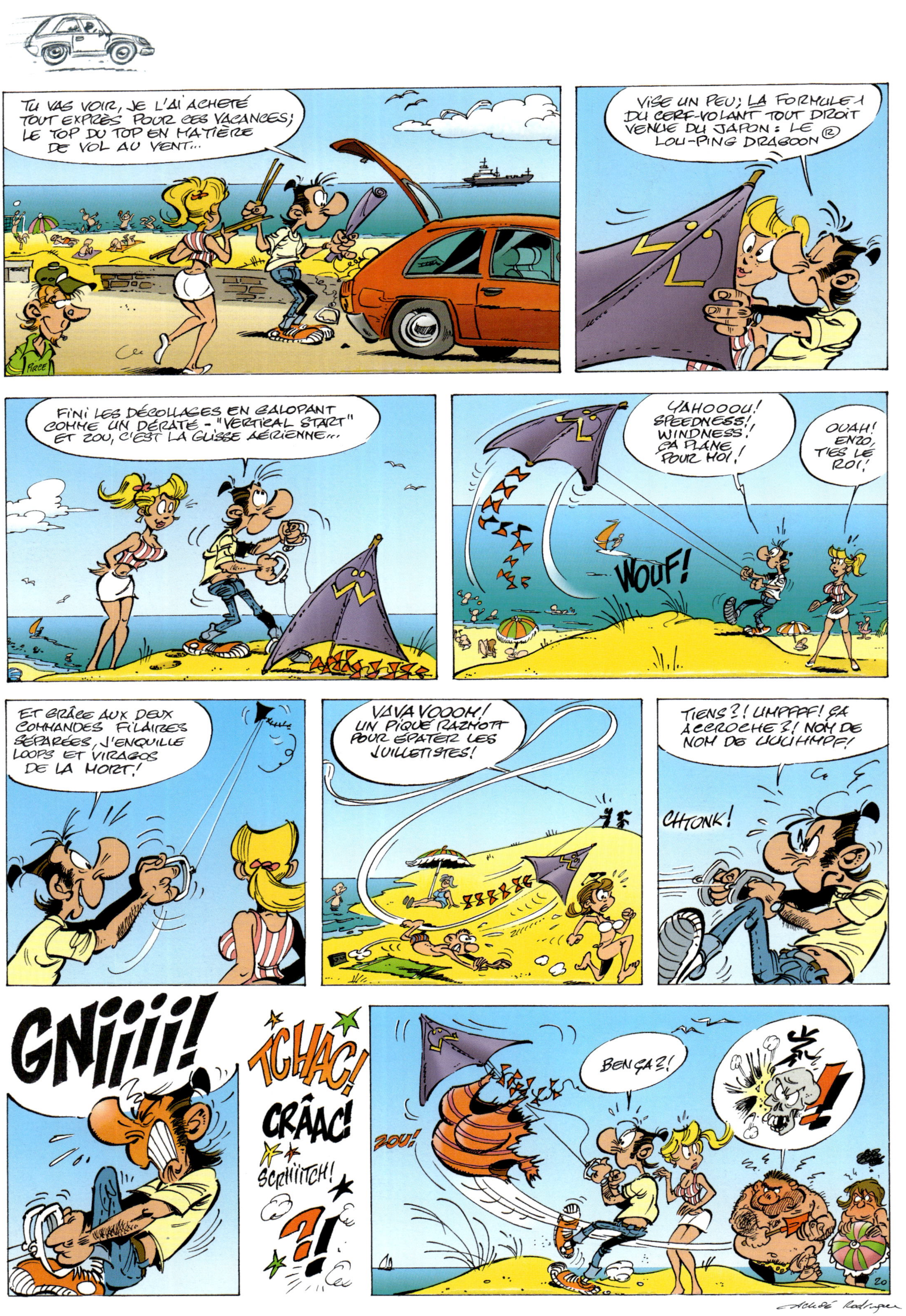
TU VAS VOIR, JE L'AI ACHETÉ TOUT EXPRÈS POUR CES VACANCES; LE TOP DU TOP EN MATIÈRE DE VOL AU VENT...
VISE UN PEU; LA FORMULE 1 DU CERF-VOLANT TOUT DROIT VENUE DU JAPON : LE LOU-PING DRAGOON ®
FINI LES DÉCOLLAGES EN GALOPANT COMME UN DÉRATÉ - "VERTICAL START" ET ZOU, C'EST LA GLISSE AÉRIENNE...
YAHOOOU! SPEEDNESS! WINDNESS! ÇA PLANE POUR MOI!
OUAH! ENZO, T'ES LE ROI!
WOUF!
ET GRÂCE AUX DEUX COMMANDES FILAIRES SÉPARÉES, J'ENQUILLE LOOPS ET VIRAGOS DE LA MORT!
VAVAVOOOM! UN PIQUÉ RAZMOTT POUR ÉPATER LES JUILLETISTES!
TIENS?! UMPFFF! ÇA ACCROCHE?! NOM DE NOM DE UUUHMPF!
CHTONK!
GNIIIII!
TCHAC!
CRÂAC!
SCRIIIITCH!
?!
ZOU!
BEN ÇA?!
!

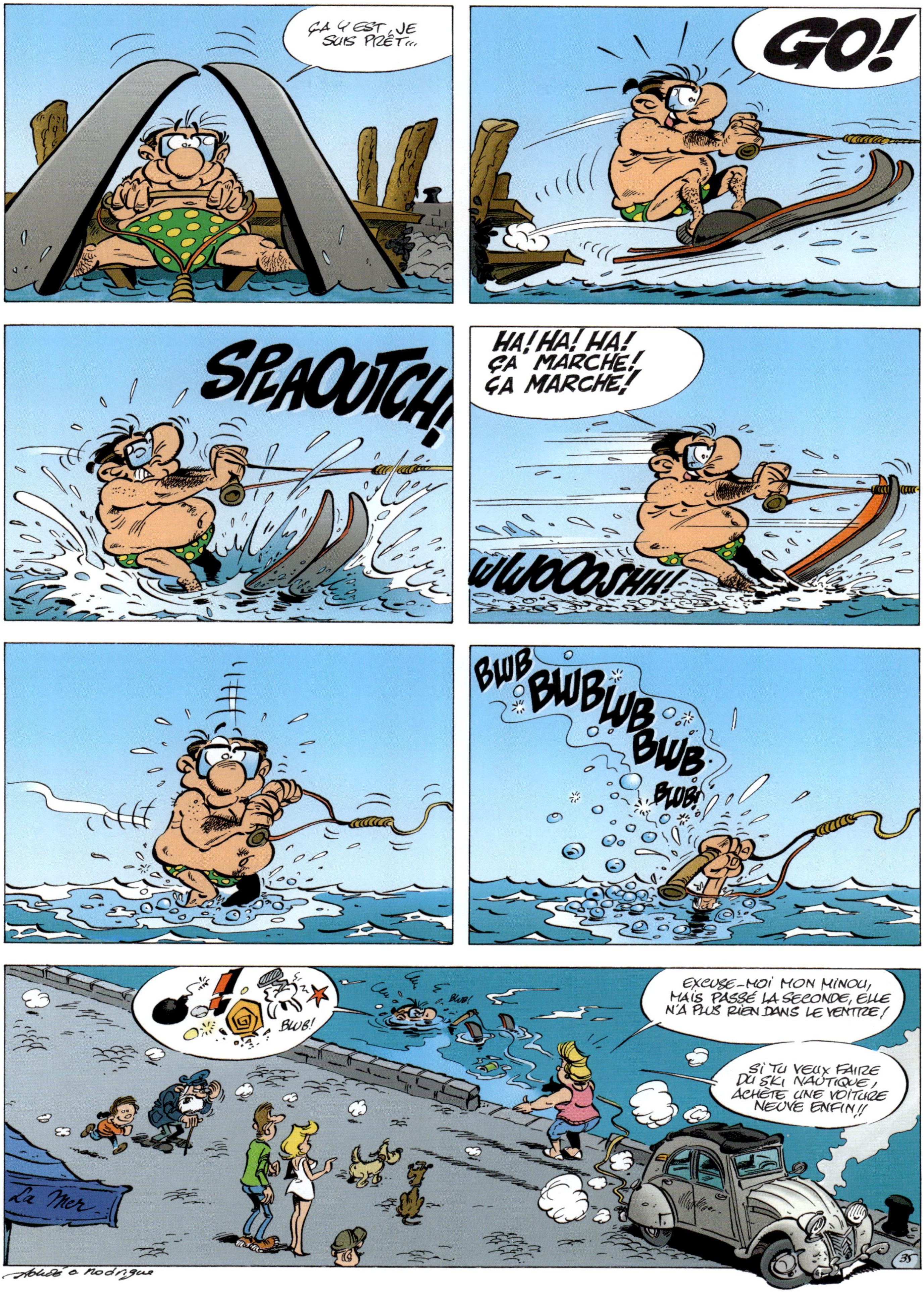
ÇA Y EST, JE SUIS PRÊT...
GO!
SPLAOUTCH!
HA! HA! HA! ÇA MARCHE! ÇA MARCHE!
WWOOOSHH!
BLUB BLUB BLUB BLUB
BLUB!
BLUB!
La Mer
EXCUSE-MOI MON MINOU, MAIS PASSÉ LA SECONDE, ELLE N'A PLUS RIEN DANS LE VENTRE!
SI TU VEUX FAIRE DU SKI NAUTIQUE, ACHÈTE UNE VOITURE NEUVE ENFIN!!

VOYEZ CET HOMME SIMPLE, CE FRANÇAIS MOYEN, CET INDIVIDU BANAL, PRESQUE MÉDIOCRE...
... SOUS CETTE APPARENCE SI QUELCONQUE SE CACHE UN LOURD SECRET...
AÏE! BING! OUCH! AÏE!
CET HOMME EST UN SUPERHÉROS, IL EST...
SUPER DEUCHMAN ®™
DOTÉ DE SUPERPOUVOIRS, IL BRAVE TOUS LES DANGERS, AFFRONTANT TOUTES LES INJUSTICES...
PRENDS ÇA SUPERPARCMÈTRE UMPF!!
GROUIIIIIE!
ARGL!
DÉFENDANT LA VEUVE ET L'ORPHELIN DES ROUTES
HA! HA! HA!
NON! PAS ÇA!
FAISANT FI DES BANDES ORGANISÉES ET DES HYPER-MÉCHANTS DE L'ASPHALTE SAUVAGE!!
PITIÉ SUPER DEUCHMAN ®
HAN!
HAYDAY! HAYDAY!
BOP!
ET N'HÉSITANT PAS À S'ATTAQUER AUX PIRES MONSTRES INTERGALACTIQUES QUI TERRORISENT LA VOIE LACTÉE...
ARRIÈRE RADARATOR!
PÉVÉ! PÉVÉ!
PÉVÉ! PÉVÉ!
PÉVÉ! PÉVÉ!
GENDARMERIE
CÔT!!
HA! HA! TU PEUX FUIR VOLAILLE SPACIALE TU NE M'ÉCHAPPERAS PAS!!
4 HEURES À ROULER SOUS LE SOLEIL SANS CAPOTE, VOILÀ LE RÉSULTAT!!
EBÉ
GNIIII!
BING!
GEN
PAF! PAF! PAF!
Achdé Rodrigue

Plic! Ploc! Plic! Ploc! Plic! Ploc! Plic!
Plic! Ploc! Plic! Ploc! Plic! Ploc! Plic!
Plic! Ploc! Plic! Ploc! Plic! Ploc! Plic!
Ploc! Plic! Ploc! Plic! Ploc! Plic! Ploc! Ploc!
VROUP!
POM♫ POM♩ POM♫
?!

WOUAH! LES PARE-CHOCS!
MAZETTE! QUEL CHÂSSIS!
YEAH! QUELLES CARROSSERIES!
ZARMA! LA MALLE ARRIÈRE!
PFFUIIIT! QUELLE CALANDRE!
AUDABE
LEÇON N°120 PLEIN LA VUE!
COUCOU, LE P'TIT BOUCHON...
... DE RADIATEUR! HI! HI!
JE LE CROIS PAS! QUEL...
TOURING CONFORT
BRASSE
ALORS NOUS DISIONS DONC: LES PARE-CHOCS, LE CHÂSSIS, LA CARROSSERIE, LA MALLE ARRIÈRE, LA CALANDRE ET LE P'TIT BOUCHON DE RADIATEUR! OUAF! OUAF! OUAF!
SNIF!
LES GARAGES DELCO + QU'UNE CHAÎNE, UNE TRANSMISSION!

TU TE SOUVIENS ?!
QUOI DONC ?
IL Y A EXACTEMENT 30 ANS À CETTE HEURE-CI, JE TE CRIAIS MA FLAMME...
RHÔÔ
...CE N'ÉTAIT PAS LA BRETAGNE MAIS LA MÉDITERRANÉE ET IL Y FAISAIT CHAUD COMME AUJOURD'HUI LE CIEL ÉTAIT PLEIN D'ÉTOILES...
MAIS LA PLUS BELLE ÉTOILE C'ÉTAIT TOI MON AMOUR...
RHOOO CE QUE TU ES ROMANTIQUE
ALORS SOYONS FOUS! REJOUONS CETTE NUIT DE PASSION TORRIDE ET NOTRE MERVEILLEUX BAIN DE MINUIT...
TU... TU CROIS ? TOUT... TOUT NUS ?
OUI, PLONGEONS DU HAUT DE LA FALAISE NUS COMME AU PREMIER JOUR...
EUH... TU AS CALCULÉ L'HEURE DES MARÉES ?
?!

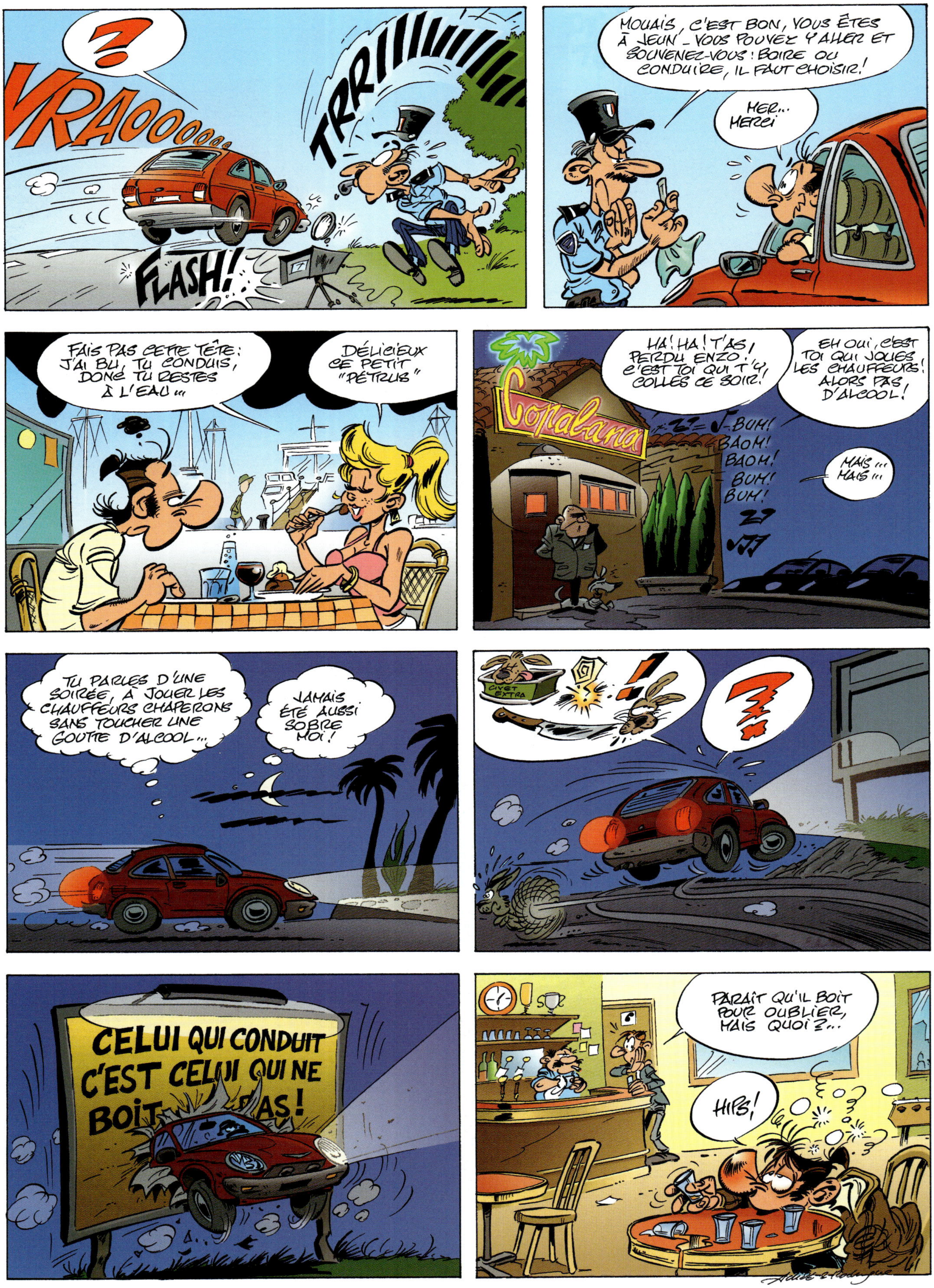
?
VRAOOOOOO...
TRRI!!!!
FLASH!
MOUAIS, C'EST BON, VOUS ÊTES À JEUN - VOUS POUVEZ Y ALLER ET SOUVENEZ-VOUS : BOIRE OU CONDUIRE, IL FAUT CHOISIR !
MER... MERCI
FAIS PAS CETTE TÊTE : J'AI BU, TU CONDUIS, DONC TU RESTES À L'EAU...
DÉLICIEUX CE PETIT "PÉTRUS"
Copalana
HA ! HA ! T'AS PERDU ENZO, C'EST TOI QUI T'Y COLLES CE SOIR !
EH OUI, C'EST TOI QUI JOUES LES CHAUFFEURS ! ALORS PAS D'ALCOOL !
BUM! BAOM! BAOM! BUM! BUM!
MAIS... MAIS...
TU PARLES D'UNE SOIRÉE, À JOUER LES CHAUFFEURS CHAPERONS SANS TOUCHER UNE GOUTTE D'ALCOOL...
JAMAIS ÉTÉ AUSSI SOBRE MOI !
CIVET EXTRA
?
CELUI QUI CONDUIT C'EST CELUI QUI NE BOIT AS !
PARAÎT QU'IL BOIT POUR OUBLIER, MAIS QUOI ?..
HIPS !

FLIC!
FLOC!
FLIC!
WRRRRRRRRR
VRRRRRRR
WOUH WOUH!
FLIC!
FLOC!
VRÔÔÔÔÔÔ
?!
POLICE
FLIC!
FLOC!
FLIC!
POLICE

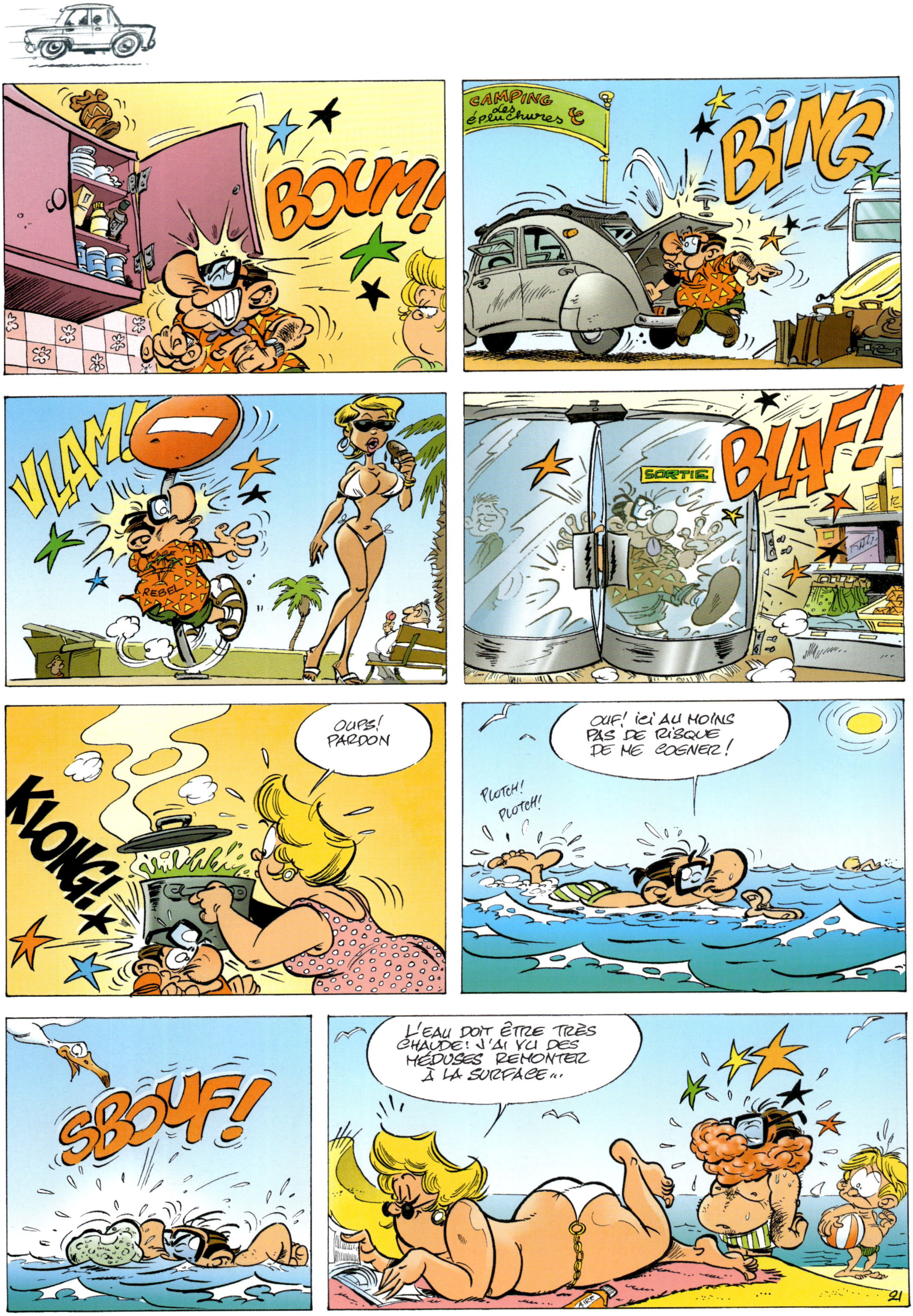
BOUM!
CAMPING des épluchures
BING
VLAM!
REBEL
SORTIE
BLAF!
KLONG!
OUPS! PARDON
OUF! ICI AU MOINS PAS DE RISQUE DE ME COGNER!
PLOTCH! PLOTCH!
SBOUF!
L'EAU DOIT ÊTRE TRÈS CHAUDE! J'AI VU DES MÉDUSES REMONTER À LA SURFACE...
21

FLASH!
ZOUUU
FLASH!
FLASH!
FLASH!
... ET C'EST PAR CETTE EXPOSITION-VENTE DES OEUVRES DE MONSIEUR ENZO PÉCARI, CHANTRE OBSESSIONNEL DU NOUVEAU RÉALISME-DYNAMIQUE, QUE LA GENDARMERIE EXPRIME AINSI SON PLUS VIF INTÉRÊT POUR L'ART CONTEMPORAIN...
FLASH! FLASH! FLASH!
210 Km/h
195 Km/h
185 Km/h
216 Km/h
... ET AIDE PAR LA MÊME OCCASION SON AUTEUR À PAYER SES CONTRAVENTIONS !

ET VOILÀ, TOUTE BONNE CHOSE A UNE FIN, MÊME LES VACANCES, MA NINETTE !
REMARQUE, JE NE SUIS PAS MÉCONTENTE DE RENTRER DEMAIN : CETTE CANICULE, MOI, ÇA ME TUE !!
CHAUD ! CHAUD !
HOP ! JE DÉCAPOTE ! DE L'AIR POUR MON PETIT OISEAU DES ÎLES ...
PFOU ! ÇA CHANGE RIEN MON MINOU TOUJOURS AUSSI CHAUD MOI ...
BEN, RESTE PLUS QU'À TE DÉCOUVRIR MA BICHETTE ...
KREPEZ
Le Chignon
QUE ... QUE J'ENLÈVE MON MAILLOT ?? !
BAH ! ON ROULE, PERSONNE NE VERRA RIEN.
OH APRÈS TOUT, T'AS RAISON !
UMPF ! L'ÉLASTIQUE ET ...
PAS ASSEZ D'ESPACE POUR ...
WOSH !
?!
DZONG !
DITES, C'EST À VOUS ÇA ?!

CRASH
PROUT!
STOP
RETAPE! RETAPE!
VISSE! VISSE!
TAPE! TAPE!
PLONK! PLONK!
KOINSS! KOINSS!
BLAM! BLAM!
BIM! BIM!
KLANG! KLANG!
ZIM! ZAM!
?!?
TADZÄÄM!

WOSH
LAIT
TU ES MERVEILLEUX MON ENZO, UN CABRIOLET RIEN QUE POUR NOUS DEUX POUR TOUT CE WEEK-END!
HÉ!
QU'EST-CE QUE JE NE FERAIS PAS POUR MON POUSSIN ADORÉ, ALORS UN CABRIOLET POUR LE WEEK-END, C'ÉTAIT LE MINIMUM...
YOUPIIIII! UN SUPER WEEK-END, LES CHEVEUX AU VENT!
...UN WEEK-END À LA CAMPAGNE!
VROO
UN WEEK-END AU SOLEIL!!
UN WEEK-END DE LIBERTÉ...
UN WEEK-END EN AMOUREUX!
?!
BING!
VROOOO
UN WEEK-END À L'HÔPITAL!!

SALON de L'AUTO
TOYATO
BVM
ECODA
WOLSKO
QUEGEOT
JAG'
SORTIE
OUIN!
DEPUIS 20 ANS C'EST PAREIL ! L'AN PROCHAIN, ON IRA AU SALON DU BRICOLAGE !!
POUT! BRAAAA!
PÊT! PÊT!

VOUS ÊTES SUR LA RN 120 ... TOUJOURS TOUT DROIT SUR 6 KILOMÈTRES...
VROÔÔ
... AU PROCHAIN EMBRANCHEMENT, VOUS PRENDREZ À DROITE ... TOUT DROIT SUR LA RN 60 SUR 3 KILOMÈTRES DIRECTION "L'HERMITE À BOIS"
... APRÈS LA PATTE-D'OIE, VOUS OBLIQUEREZ À GAUCHE ET LONGEREZ LE FLEUVE SUR 800 MÈTRES...
... VOUS PRENDREZ LA DIRECTION "YVETTE SUR CAGOLE" JUSQU'AU PROCHAIN FEU...
AU CARREFOUR, VOUS PRENDREZ À GAUCHE, DIRECTION "LA VALLÉE"...
... APRÈS LES DEUX VIRAGES, VOUS PASSEREZ LE PONT QUI ENJAMBE LE "GOUFFRE DU PLANTE"...
VROOOO
N60
?!
WOSH!
DIS, TON NAVIGATEUR GPS D'OCCASION, IL DATAIT DE QUAND ?!
1990 POURQUOI ??
Fadlia

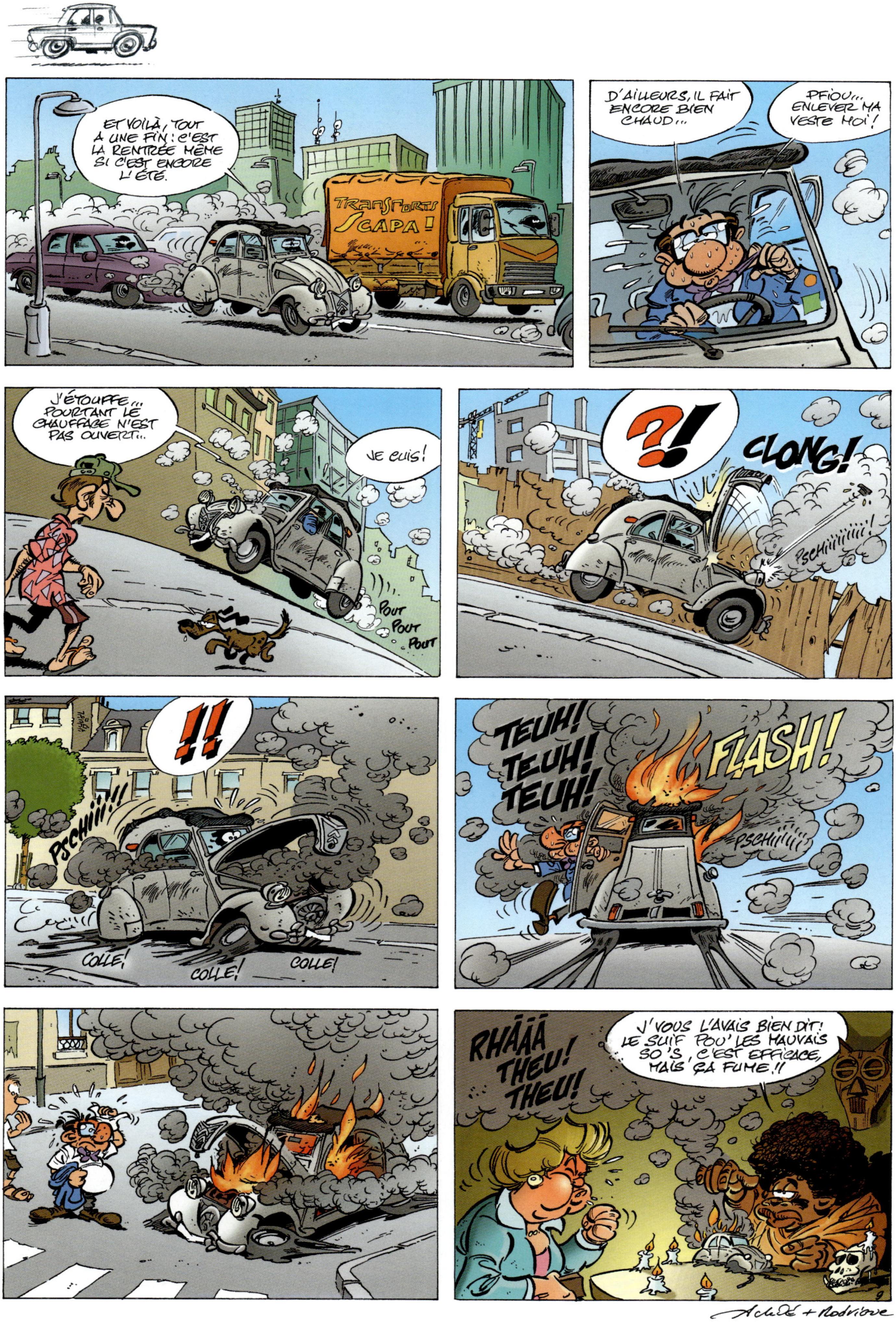
ET VOILÀ, TOUT A UNE FIN : C'EST LA RENTRÉE MÊME SI C'EST ENCORE L'ÉTÉ.
TRANSPORTS SCAPA !
D'AILLEURS, IL FAIT ENCORE BIEN CHAUD...
PFIOU... ENLEVER MA VESTE MOI !
J'ÉTOUFFE... POURTANT LE CHAUFFAGE N'EST PAS OUVERT...
JE SUIS !
POUT POUT POUT
?!
CLONG!
PSCHIIIIIII!
!!
PSCHIIII!!
COLLE! COLLE! COLLE!
TEUH! TEUH! TEUH!
FLASH!
PSCHIIIIII
RHÄÄÄ THEU! THEU!
J'VOUS L'AVAIS BIEN DIT ! LE SUIF POU' LES MAUVAIS SO'S, C'EST EFFICACE, MAIS ÇA FUME !!
Achdé + Rodrigue

PUB

LE BANQUIER...
CRÉDIT SUR 60 ANS À 25 % + ASSURANCE + FRAIS !
LA FEMME...
LE VENDEUR...
L'ASSUREUR...
CONTRAT
ASSURANCES P'TITELIGNE
LE GARAGISTE...
FACTURE
MAIN D'OEUVRE
TVA
1700
500
400
100
LE POMPISTE...
TATAL
TATOL
LES GENDARMES...
P.V
LE CONTRÔLEUR TECHNIQUE
PIÈCES À CHANGER
LA BAGNOLE :
ELLE VOUS BOUFFERA LE PORTE-MONNAIE TOUT AU LONG DE VOTRE VIE

À découvrir aux éditions BAMBOO

LES PROFS - 7 tomes

1 - INTERRO SURPRISE
2 - LOTO ET COLLES
3 - TOHU-BAHUT
4 - RENTRÉE DES ARTISTES
5 - CHUTE DES COURS
6 - CLASSE TOURISTE
7 - MISE EN EXAMEN

Pica & Erroc

LES GENDARMES - 7 tomes

1 - FLAGRANT DÉLIRE !
2 - PROCÈS VERT PÂLE !
3 - RADAR-DARE
4 - AMENDE HONORABLE !
5 - SOURIEZ, VOUS ÊTES FLASHÉS
6 - UN P.V. DANS LA MARE !
7 - COFFRÉ SURPRISE !

Jenfèvre, Sulpice & Cazenove

LES POMPIERS - 3 tomes

Tome 1 : DES GARS DES EAUX
Tome 2 : HOMMES AU FOYER
Tome 3 : LE FEU DE L'AMOUR

Stédo
Cazenove

LES FONCTIONNAIRES - 5 tomes

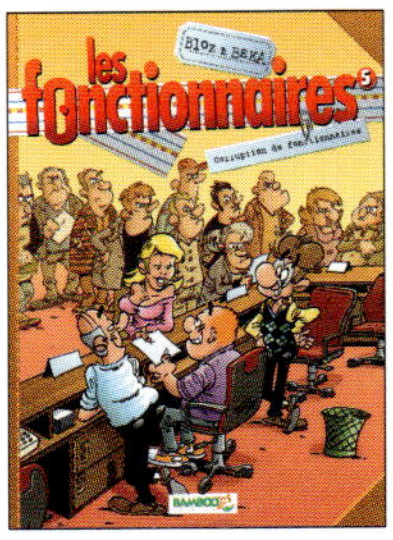

1 - MÉTRO, DODO, DODO...
2 - RÉDUCTION DU TEMPS DE TRAVAIL
3 - TRAVAIL À LA CHAÎNE...
4 - GRÈVE SANS PRÉAVIS
5 - CORRUPTION DE FONCTIONNAIRES

Bloz & Béka

LES TOUBIBS - 3 tomes

Tome 1 : C'EST GRAVE, DOCTEUR ?
Tome 2 : AU SUIVANT !
Tome 3 : BONS RÉFLEXES

Bélom
Gégé
Sirvent

LES MUSICOS - 2 tomes

Tome 1
Tome 2

Janvier
Jenfèvre
Erroc

LES COMMERCIAUX- 2 tomes

Tome 1 : FARCE DE VENTE
Tome 2 : LES DESSOUS DE LA VENTE

Radôche
Plumeri
Boitelle

L'AUTOÉCOLE - 2 tomes

Tome 1 : PERMIS D'ÉCONDUIRE
Tome 2 : CONDUITE ACCOMPAGNÉE

Cazenove
Amouriq

LES RUGBYMEN

Tome 1 : ON VA LEUR METTRE LES POINGS SUR LES YEUX

Béka
Poupard

BASKET DUNK

Tome 1

Cazenove
Plumeri
Mauricet

LES FOOT MANIACS - 3 tomes

Tome 1
Tome 2
Tome 3

Jenfèvre
Sulpice
Jack
Béka

LES BABYFOOTS

BABYFOOTS

Bouchard
Pica

ON THE ROCK

HISTOIRES DE VTT

Jenfèvre
Sulpice

RAOUL ET FERNAND - 2 tomes

Tome 1 : LA FUREUR DE VIVRE !
Tome 2 : LE FRIGO DE L'ANGOISSE

Erroc

LES DAMNÉS DE LA ROUTE - 5 tomes

1 - ON ACHÈVE BIEN LES 2 CV
2 - L'HOMME QUI MURMURAIT À L'OREILLE DES 2 CV
3 - LES 2 CV SE CACHENT POUR MOURIR
4 - VOL AU DESSUS D'UN NID DE 2 CV
5 - SEA, SEX AND DEUCHE !

Achdé
Rodrigue
Richez

LES RIPOUPONS - 3 tomes

Tome 1 : TOUCHE PAS À MON DOUDOU
Tome 2 : ON REMET UNE COUCHE !
Tome 3 : MÊME PAS PEUR !

Gégé & Bélom

LOLA BOGOTA

Tome 1 : NOTRE DAME DE COLOMBIE

Brrémaud
Chanoinat
Reynès

ZONE 51

Tome 1 : ROSWELL ATTITUDE

Cazenove
Wozniak

LES BRUMES DU MIROBOLAND

Tome 1 : L'ELIXIR DE SILYCONN
Tome 2 : LE SECRET DE FÈNWIK

Escaich
Mermin

HERCULE - 2 tomes

Tome 1 : BAZAR DE GRUMLOT !
Tome 2 : RAS L'KEPI !

Yannick